ESTE DÍA NUNCA VOLVERÁ

ESTE DÍA NUNCA VOLVERÁ

CARLOS A. COLÓN RUIZ

3

COLECCIÓN DE POESÍA PANHISPÁNICA

2. POESÍA PUERTORRIQUEÑA

Editado por:
© SANTA RABIA POETRY
de Edward Elí Urbina Montenegro
Paseo del Mar P4 - 18
Nuevo Chimbote - Perú.
santarabia.poetry@gmail.com

PRIMERA EDICIÓN: febrero de 2022

IMPRESIÓN BAJO DEMANDA

IMPRESO EN MARZO 2022 EN:
Aleph Impresiones SRL
Jr. Risso Nro. 580, Lince - Lima, Perú

ISBN: 978-612-48817-2-5
Hecho el Depósito Legal en la Biblioteca Nacional del Perú:
N° 2022-01430

DISEÑO DE PORTADA Y MAQUETACIÓN:
Santa Rabia Poetry

IMAGEN DE CUBIERTA:
Miguel Ángel Buonarroti, *Los tormentos de San Antonio* (detalle).

INTRODUCCIÓN:
© Ivelisse Álvarez

EL PARANOICO AL REVÉS
(Un prólogo en *sticky notes*)

Soy una especie de paranoico al revés.
Sospecho que la gente conspira para hacerme feliz.
J. D. SALINGER

nota 1°

Acudo a este libro como a un tipo de *study log*. Entradas de una investigación íntima que «funde la vista» y en penumbras dan cuenta de lo que se suponía que fuese una temprana lección existencial: «Nadie nos enseñó que este día nunca, nunca volverá». Como en un diario lírico de la incertidumbre cotidiana, donde confluyen los sentidos del deber y del querer, cada tanto el poeta contempla temeroso su propio escritorio: «He tenido que dudar, nuevamente, de mi trabajo literario». Esta puesta a prueba del oficio del escritor es para mí la clave y condición que produce el texto mismo: «Tengo una foto pegada en la pared justo frente a mi escritorio donde he decidido escribir estos poemas». Acaso la literatura no sea otra cosa que esa historia obviada de los escritorios, de cómo nos seduce una mesa de trabajo.

Nuestro poeta se aboca de continuo a la composición de un libro deliberado. Y esa actitud devocional se experimenta como una oscilante galería de obsesiones, lecturas pendientes y prioridades engañosas:

♥ «Una vez culmine estos poemas cotidianos
y me saque de la cabeza las canciones
de Nick Cave que he estado tarareando en la cabeza

comenzaré a leer páginas sin término
como un animal detenido en la furia».

♥ «Daniel me recomendó leer *Las partículas elementales*
de Michael Houellebecq
y *Limónov* de Emmanuel Carrére
y yo lo tengo anotado en un *sticky note*
frente a mi escritorio.

También tengo en notas la fecha límite
para enviar mis poemas
a una exhibición foto literaria».

♥ «Mis últimas lecturas me han decepcionado
con sus interminables descripciones y sus despegues
de positivismo innecesario».

nota 2°

La inteligencia cinemática de estos poemas compara en ocasiones con el frescor matutino, la ternura *whimsical* y la secuenciación de *Paterson* (2016), si tan solo nos diera por reproducir esa película de Jim Jarmusch en modo *backwards*. Porque la técnica peculiar de un cuaderno de notas es la contra-remembranza. *Este día nunca volverá* rememora la disolución en tiempo real de un período formativo que sigue transcurriendo: «Escribo las dos o tres cosas que hago todo el día mientras mi juventud se hace recuerdo». Se llevan apuntes sobreexplicativos, ocupando con frecuencia un recio clima conversacional, un vocabulario directo y preciso. Pero las minucias de ese reporte en verso quieren desde luego detener el mundo: «Temprano en la mañana, justo cuando mezclamos la leche hervida con el café y se derrama un poco sobre la alacena». Quieren rebosar devoción, pero ganar también desfase y lentitud: «Siempre que lo pienso bien, las fechas me atormentan». La categoría es *early poems*. Una *memorabilia* por adelantada.

nota 3°

Indiscreto y vulnerable, quien habla en estas páginas no esconde su nervioso *overthinking*, sino que lo cultiva. Exige y espera lo mejor como si fuera lo peor, y viceversa. Hasta se permite fantasear que será sustituido fácilmente por nuestra siniestra normalidad:

«Me pregunto si las personas al leerme
cierran el libro igual de decepcionados que yo
cambiando su lectura por otra actividad cotidiana».

Es temporada de brega y el poeta entra en negociación con una especie de simpático demonio del fracaso: «A cada frustración le doy un beso en la mejilla queriéndole decir que me deslumbro con sus presencias cuando llegan paralelas a mis quereres». Pequeñas inminencias tiran del corazón entre incontables *to do lists* pasadas de fecha, encuentros, *chit-chats* y ecos de mortificante música pentecostal en «El credo» y «El apartamento». Escenario donde elige consagrarse al silencio; a la literatura escrita por mujeres (Mariana Enríquez, Raquel Lanseros, otras). Presto al murmullo de diablillas internas, aunque sea para tatuar un gracioso «666» en la carne del poema.

Las inquietudes de Carlos Aníbal –lejos de resultar aleccionadoras– funcionan como un destellito de epifanía provisional que fulminamos con ojos palpitantes: «Yo quiero decirles a mis pupilas que no se agobien con tanto miedo y desdén a las proyecciones de vida». Es la incertidumbre –y no tanto la certeza– la potencia que orienta, compromete y vivifica su gesto: «Lo desconocido también es vida y esa vida es un peligro que quiero correr hoy».

Regodeándose en esa mirada especulativa, con rotunda inclinación anecdótica, Carlos Aníbal escribe sobre amigues, amores y parientes cuyos dramas personales resuenan en nuestras comunidades y vínculos. Su teatro cotidiano es casi al mismo tiempo microscópico y monumental, excepcional y colectivo. Abarca desde la contentura de su perro hasta la indiferencia de la gente que apenas lo conoce. *Este día nunca volverá* quiere «mirar con amor» el complot de los carteros que entregan libros a nuestras puertas y la apasionada conjura de quienes recomiendan novelas decisivas en una barbería. Como ha indicado con acierto Alma Karla Sandoval «Colón Ruiz canta en sentido contrario». Su lirismo no subestima lo feliz, ni desaprovecha las ambivalencias de su *no–saber*. De «quereres» y deberes va llenando paranoicamente un calendario en el que todas las fechas son fechas límites.

Ivelisse Álvarez
San Juan, Puerto Rico
febrero | 2022

A Johanna Ruiz Lisboa por resolver un día antes
que llegue el otro, por dar sin esperar nada a cambio
y por enseñarme que el corazón siempre debe estar limpio,
aunque el día nunca vuelva.

Esto dice menos de mi devoción
y más sobre esta experiencia del hogar.

SEMEZDIN MAHMEDINOVIC.

LO COTIDIANO

> *El hombre se vuelve y ahí –*
> *su huella solitaria extendida*
> *sobre el mundo.*
>
> WILLIAM CARLOS WILLIAMS.

Comprar pan, huevo y leche
guardarlos en la repisa y en la nevera
esperar la mañana, la tarde y la noche.

Irse de a poco mirando el cielo mientras camino
al auto, al trabajo, a la casa de la abuela
y esperar que transcurra el día para volver.

Mirar con precisión los ojos de tu amada
acariciar con pausado ritmo el pelo de tu perro
en fin, saberse en el espejo, humano.

Esto es solo para decir
que lo cotidiano es una fruta agria,
muy agria.

LA RUTA

Grito, canto, lloro, y pienso mientras conduzco
en la serenidad de la ruta que tomo en la mañana
y el caos de la ruta que tomo en la tarde.

Paso por dos alcaldías, tres gimnasios,
tomo seis salidas a la izquierda y seis salidas a la derecha
en ocasiones me detengo en una gasolinera.

Llego a mi trabajo
y me saludan con los *buenos días*
que no son muy buenos para muchos de nosotros.

Las horas pasan sin pensarlas
mientras en el alma un cuerpo se desarma
con toda la posibilidad de ser territorio inhóspito.

Regreso a mi hogar
y mientras busco las llaves de la puerta
escucho el aleteo que produce la cola de mi perro
chocando con su felicidad y solo entonces, una sonrisa.

LOS VECINOS

La vecina de al lado trabaja desde su casa e irónicamente
pone una silla en la entrada de su apartamento
para sentarse en su hora de almuerzo.

El vecino de arriba siempre sube las escaleras
gritándole a su madre, a su amigo y a su alma
mientras escupe un miserable gargajo.

La vecina del otro extremo
tiene un gato rubio que siempre se queda fuera
del apartamento, justo donde tiene puesta su comida.

El vecino del medio del segundo piso
es un gringo medio sospechoso, un hippie
que siempre a las diez de la noche
baja a comprar marihuana.

La vecina del medio del noveno piso
es la dueña de mi apartamento
y siempre que paso a pagarle la renta
me da comida para llevar.

Los vecinos de la esquina derecha del tercer piso
parecen salir a trabajar y regresar solo para hacer el amor
esto es cierto: lo confirmo, lo sudo y no lo negamos.

EL CONSERJE

Camina por los nueve pisos de los dos edificios
abriendo las puertas laterales y los buzones en la mañana,
va piso a piso buscando la basura
que dejamos en la noche.

Mientras no hace eso pasa las horas
con un vecino que siempre me ofrece el periódico de ayer
buscándole problemas a su guagua para pasar el tiempo.

Esta madrugada le di los buenos días al conserje
y él me los devolvió con la mano, como diciendo
que el mundo podría acabarse en un saludo.

El conserje es un señor mayor
que de vez en cuando se presta de guardia de seguridad:
no hay mucho interesante en él.

Para el conserje yo soy otro huésped
que luce arrogante y que no sabe decir otra cosa
que no sea *buenos días*.

LAS VISITAS

No recibimos muchas visitas
por el compromiso laboral que nos agarra por el cuello
y porque las amistades se han ido con los años.

Sí nos visitó una pareja de escritor y pintora
y nos la pasamos hablando de qué tan bien
va el libro artesanal que están a punto de publicarse,
y compartir algunos recuerdos.

Luego nos visitaron dos editores
de una revista en donde también edito
para hablar del siguiente volumen,
y darnos una cervecita.

Mis suegros me visitaron
para sorprender a mi novia en el día de su cumpleaños
compartir los quehaceres de nuestra cotidianidad,
y celebrarnos.

También se ha dado la visita del cartero
quien nunca pasa de la puerta, pero parece ser el visitante
que mejor reconoce nuestro recibidor,
y los ladridos de mi perro.

No recibimos muchas visitas
aunque por nuestro apartamento pasen muchas personas
preguntándose qué tanto hay detrás
de esta simple puerta blanca.

Uno podría decir que los hogares también son guaridas
cuando permanecemos en ellos con miedo
a un mundo vacío
que se presenta en el cuerpo de quien los visita.

EL AUTORRETRATO

El rostro imaginado
retratado en fondos de multiplicidades
buscando un paso sobre el otro.

Casi siempre me pienso de esa manera:
invencible, entre sucesos y personas desconocidas
llegando a un lugar sin esperar nada a cambio.

En el espejo habita la cara que no reconozco,
sus ojeras de tres días, barba desafinada, pelo despeinado
y ropa que comienza a quedar grande, ya vencible.

Vivo con las ganas de comprenderme
en una muestra de ficción que pueda ser expuesta
como una esencia propia, queriendo decir
que en mis palabras busco saberme humano.

Ese rostro imaginado
es un reflejo que reconozco porque últimamente
le pongo historias a las imágenes y a veces, decepcionan.

LOS DESCONOCIDOS

Por la escalera que queda justo frente al apartamento
suben y bajan desconocidos en busca de sus respectivos
hogares, oficinas y vacíos.

He escuchado cómo maldicen, susurran, gritan,
cómo se quejan de los escalones
o de desconocer hacia dónde van
esperando no tener que seguir subiendo otro piso.

Estoy seguro de que los desconocidos me han escuchado
hablándole a mi perro como si fuese una persona
o cantando una canción irrazonablemente alto.

No me cabe la menor duda que habrán escuchado
mis maldiciones, mis susurros, mis gritos, mis gemidos,
mis risas y todo lo que comprende mi persona.

Los pienso con el superpoder
de mirar a través de las cosas
viéndome caminar entre habitaciones con un libro
y con la esperanza de ser propio entre mis propias manos.

LAS FOTOGRAFÍAS

Se pueden contar con una mano
todas las fotografías que tenemos
colgando en las paredes de nuestro apartamento.

Tengo una foto pegada en la pared
justo frente a mi escritorio
donde he decidido escribir estos poemas.

Hay tres fotos en la sala
que en lugar de tenerlas para celebrarnos
las colocamos para decorar los muebles.

Otra última fotografía
queda guardada en una carpeta
esperando ser puesta en alguna pared.

En cada una de esas fotos estamos nosotros,
en algunas aparece nuestro perro, no aparecen familiares
ni ninguna persona extraña o de antaño.

Nuestras fotografías
tan sencillas como estos versos
son impresiones de un cariño inseparable.

EL APARTAMENTO

El apartamento queda en una esquina
de un edificio deteriorado con vista
a un supermercado, una iglesia, y un correo.

Escuchamos la entrada y salida de los autos.
Escuchamos el cantar de los pentecostales.
Escuchamos el camión de basura
temprano en la mañana.

Este apartamento cuenta la historia de un exmilitar
y una señora que sufría de alzhéimer, ahora cuenta
nuestra decisión de atrapar el amor
para enfrentar el mundo.

EL CREDO

La iglesia toca hasta tarde los lunes y los miércoles
se escucha la música que componen
desde las habitaciones de nuestro apartamento.

Cuando escribo pensando en Anne Sexton
la música de la iglesia me hace pensar en el suicidio
como una muestra que se ofrece
ante una postura en el mundo.

Cuando escribo pensando en Mariana Enríquez
la música de la iglesia me hace sentir escalofríos
como si algo temible y misterioso
saliera de un templo vacío.

Cuando escribo pensando en la belleza de Anne Carson
la música de la iglesia resuena en el apartamento
como un suspenso que me deshabita,
me besa y me abandona.

Cuando escribo pensando en mis últimos poemas
la música de la iglesia es un juguete de cartón

que simplemente molesta a la vista,
no puedo tolerar su presencia.

Cuando culmina el credo
se escucha el silencio de la zona
decorada con algunas detonaciones en la distancia.

EL NICK CAVE

No comienzo a leer la novela
«Museo Animal» de Carlos Fonseca,
aunque la tenga siempre al lado.

Una vez culmine estos poemas cotidianos
y me saque de la cabeza las canciones
de Nick Cave que he estado tarareando en la cabeza

comenzaré a leer paginas sin término
como un animal detenido en la furia.
El momento es imperfecto

y pienso que, aunque yo tampoco crea en
un dios intervencionista o en la existencia de los ángeles,
sí creo en el animal que todos llevamos adentro.

Un animal que toca a la puerta de los instantes cósmicos
besando entre manos los suspiros del alma
sin más que otra fórmula de esperanza, *Oh Lord!*

EL ABSURDÍSIMO

Pagar una casa, un auto y una sonrisa
por cuarenta años, mientras el gobierno
te arrebata los pocos derechos laborales

que terminan astillados en una vitrina vieja.
Trabajar largas jornadas semana tras semana
para dejarle al banco la mitad de lo que ganas.

Tener una criatura y amarla con toda pasión.
Casarse y amar con toda pasión.
Sentir esperanza y sufrir con toda pasión.

No dudo que un mito en mí se deshaga
de tanta inmundicia absurda
con la sencillez de los detalles.

Lo absurdo no es el amor en esos detalles,
lo que es absurdo es que nadie nos enseñó
que este día nunca, nunca volverá.

LOS MATICES

Recordando que el mundo es demasiado ancho
para una vida grotescamente breve
hablemos del matiz.

RAQUEL LANSEROS

A cada frustración le doy un beso en la mejilla
queriéndole decir que me deslumbro con sus presencias
cuando llegan paralelas a mis quereres.

Les diría que en cada esquina la luz del sol
alumbra una perpetuidad confusa y en otras ocasiones
son esas ráfagas imposibles de retener.

Yo quiero decirles a mis pupilas que no se agobien
con tanto miedo y desdén a las proyecciones de vida
pero callo al romper un matiz ajeno.

Como se debe de saber cuándo se mira con amor
a tantas variantes de una luz resplandeciente
alguien debe de sufrir el peso de la oscuridad.

LAS LLAMADAS

Mi madre vio en el internet la noticia
de un joven que se quedó dormido en la madrugada
camino al trabajo y murió en un accidente de carro,

aproximadamente a la misma hora
y en la carretera que tomo
para ir a mi trabajo unos cinco o seis días a la semana
y para ella, con tan solo leer el titular, fue lo peor.

Mientras atendía a los primeros clientes en la mañana
sentí el celular vibrar en el bolsillo varias veces
y ya la primera lágrima de mi madre bajaba por su rostro.

Mi madre llama a la tienda y pregunta por su hijo,
y en un sollozo que me quebró el corazón
me dijo lo mucho que me amaba.

No recibo muchas llamadas,
algunas pocas de mis amigos y familiares,
suficientes para vivir queriendo y ser querido.

LAS ESQUINAS

Veo palabras colgando de tu reflejo
que leo en fuga y en espera
por un principio nuestro.

Entre lo inacabable y el resto
siento un minuto en cero
que se paraliza en las esquinas

de nuestra presencia, de cualquier sitio.
Me da un ataque de nervios, pero al cerrar los ojos
capturo la esquina y camino a la siguiente.

En algún momento de este poema debemos esquinarnos
para defender el cuerpo que habita en nosotros
porque esto de brincar de luz en luz puede terminar
fundiendo la vista.

LAS FECHAS

Mi hermana me escribe a diario para hablarme
de sus fechas importantes: su boda en julio,
el viaje para Arizona en abril,
la siguiente fiesta familiar en mayo.

Todo es a base de fechas en mi trabajo común:
tener los reportes del inventario listo para el jueves,
hacer el horario de la siguiente semana
a lo más tardar el sábado.

E incluso, de las fechas uno vive en memoria:
los ocho de octubre, los veinticinco de diciembre,
los diecisiete de mayo, el día de junio
que asesinaron a mi abuelo.

Siempre que lo pienso bien, las fechas me atormentan,
me hacen sentir viejo, moribundo y escaso de voluntad
como si el día que sigue, fuese la fecha de mi muerte.

LAS NOTAS

Daniel me recomendó leer *Las partículas elementales*
de Michael Houellebecq
y *Limónov* de Emmanuel Carrère
y yo lo tengo anotado en un *sticky note*
frente a mi escritorio.

También tengo en notas la fecha límite
para enviar mis poemas
a una exhibición foto literaria
donde mis compañeros editores
y yo hemos sido invitados a exponer.

No me faltan las fechas finales
de los premios importantes
de Iberoamérica y El Caribe, eso incluye festivales
de prestigio y editoriales de interés.

Mi novia me encomendó comprar el desayuno
y anoto lo necesario, anoto las líneas favoritas
de mi última lectura y todo
lo que puedo olvidar con inmediatez.

De niño siempre le temí a la pérdida de memoria
olvidar mi nombre y el mundo que he pisado,
olvidar los ladridos de mi perro
y el rostro dulce de mi madre.

No puedo evitar los ojos húmedos al pensar que podría
olvidarme de mi presencia,
teniéndola que buscar en notas pequeñas
que se despegan del tablero,
porque también las he olvidado.

LOS ACCIDENTES

Dejar a los niños durmiendo
para encerrarse en la cocina
con la línea de gas abierta.

Recurrir al cianuro
ya que las balas que asesinaron a tu padre
y a tu padrastro han quedado escasas.

Llenarse los bolsillos con piedras
para lanzarse al río más frío de la ciudad
dejando una revolución literaria atrás.

El accidente de decidir mantenerse con vida
hubiese sido devastador para Plath, Quiroga y Woolf.
Que su precisión nunca sea arrebatada.

¿Qué tanto uno tiene que sufrir con lo cotidiano
para que reconozcan entre tanta inmundicia
que la muerte es para muchos su mejor opción?

EL BARBERO

A Gegman Lee.

El barbero, quien también es editor y poeta,
me recorta el pelo una vez al mes y solo eso.

Claro que hablamos de las últimas novedades
de la literatura puertorriqueña, de las noticias recientes
y de nuestras próximas publicaciones.

Algunos colegas me comentan
que el barbero poeta es un amargado
otros me dicen que sus libros son aburridos,
pero que es un buen editor
y también tengo colegas
que se recortan con él y tienen la misma relación.

Hoy, por ejemplo, hablamos de las promesas
del boxeo puertorriqueño
y de las mejores y peores peleas de Miguel Cotto,
de los miles de títulos que existen
en las grandes compañías del deporte.

El barbero se gana la vida haciendo bien lo que hace
aunque su cotidianidad sea similar
a la del resto de poetas puertorriqueños
aunque a veces me deje un chivo en la barba.

EL 666

A propósito de Raquel Lanseros

Es cotidiano encontrarse al demonio
subiendo las escaleras en dirección al metro
que nadie utiliza en esta ciudad caribeña.

Lo vi bailando en una barra en Mayagüez.
Lo vi tatuado en el brazo de mi padre.
Lo vi leyendo poesía en un festival cibernético.

Tan cotidiana es su presencia que su número insignia
lo escucho en una canción de Iron Maiden,
lo veo tatuado en la nalga de un amigo,
aparece en un poemario de Raquel Lanseros.

En fin, dios también es un sujeto cotidiano,
es un icono pop en todas sus casas e imperios.
Algunos bailan con él, algunos vacilan con él,
y otros pecan con él.

LA MEDIOCRIDAD

(Una impresión mediocre)

En un vuelo sobre los Estados Unidos
un hombre americano grita en la radio
que no celebrará la mediocridad.

Veo una película sobre la guerra fría
entre Miami, Washington y San Francisco
mientras las nubes flotan como flotan en Puerto Rico.

La extrañeza de un nuevo no lugar
se come a pedazos por nuestra historia ajena
donde quisiera gritarle para atrás a la radio

y decirle que me gustaría volver en el tiempo
para escribir una estrella distante
en el recuerdo que siempre me pinto presente.

LAS VECINAS DE ABUELA

Cuando visito a mi abuela una vez al mes
su cotidianidad me trae mucha culpa
hasta que su cariño me refuerza.

Ella camina despacio esperando
que de casualidad las vecinas le ayuden
para preparar la cocina del día.

Ella ora por la oportunidad
de que algunas de sus sobrinas
lleguen a visitarla y le ayuden a bañarse.

La realidad es que todos los días
sus vecinas están presentes y a mi abuela
no le ha faltado su dignidad.

Es cotidiano sentirme culpable por no estar con ella.
Es cotidiano para mi abuela
esperar a su nieto una vez al mes.
Es cotidiano para las vecinas de mi abuela
mantenerla viva.

LA PESTE

Una compañera de trabajo me pregunta cómo estoy hoy
y con ganas de contestar que me siento absurdo
me quedo mirando de manera incómoda

a un grupo de clientes bebiendo en la barra.
Mi sospecha es que son personas adineradas
como el resto de los clientes en mi trabajo.

Trabajar en la ciudad de los adinerados del archipiélago
es ver cómo cantan a viva voz que serían borincanos
aunque nacieran en la luna
mientras se ríen de un trabajador común.

Le regreso la mirada incómoda a mi compañera
y contesto que estoy bien, como si no fuese extraño
vivir en una desigualdad colonial en tiempos modernos.

Camino a mis deberes y veo que afuera un hombre fuma
mientras le mira las nalgas a la esposa de mi jefe
como si del humo apareciera
una respuesta sencilla para su pensamiento.

La peste del humo entra por la puerta
y me siento extraño, absurdo y a destiempo, pensando
que no le fui honesto a mi compañera, que no estoy bien.

LA COBARDÍA

En algún momento de mi vida
se me llamaba cobarde a diario.
Me lo decía mi padre, mi instructor de karate y mi reflejo.

Siempre quise ser todo lo que pensaba que era:
poeta galardonado, hijo increíble, viajante impredecible.
Un siempre que todavía permanece para siempre.

En algún momento dejaré
que me pregunten por mi llanto
y no habrá muchas respuestas certeras
hasta que llegue otro momento de mi vida

en donde mi experiencia literaria,
mi amor por mi compañía y mi manera
indudable de querer vivir conjeturen, en una palabra.

Entonces la cobardía se aleja un poco del miedo
tan lejos como sea posible en un territorio pequeño
solo para terminar en una costa caliente
que no da abasto.

EL RUMBO

Mis ultimas lecturas me han decepcionado
con sus interminables descripciones y sus despegues
de positivismo innecesario, tanto

que he tenido que cambiarme de ropa
para bailar en silencio en mi oficina, cambiar la dieta
y dudar, nuevamente, de mi trabajo literario.

Me pregunto si las personas al leerme
cierran el libro igual de decepcionados que yo
cambiando su lectura por otra actividad cotidiana.

Cambio de rumbo, miro el cielo
y entre tanto vacío, regreso a lo de siempre:
existir hasta que algo relevante suceda.

EL BUZÓN

Es concurrente que me lleguen libros
que ordeno a través de internet
a librerías internacionales,
librerías del archipiélago o directamente a los autores.

A veces llegan equivocados o no llegan.
Por ejemplo, me enviaron una edición errónea
de *Los Detectives Salvajes*.
La Belleza del Marido nunca llegó.

En algunas ocasiones el cartero
deja los libros en el buzón,
pero la mayoría de las veces
toca la puerta del apartamento
y bromeando, o hastiado, dice que ha llegado otro libro.

Espero por el día que no lleguen libros
que se derritan entre letras y mierdas de sus autores
y que toquen a la puerta para entregarme otra cosa.

Un espacio donde no estoy vivo ni muerto.
Una sugerencia para saberme explicable.
Un vacío donde veo el resto de mi vida.

En esta noche el frío prevalece
y aún espero por los libros que vienen de Latinoamérica
que tardan mucho, pero son los mejores.

EL EDITOR

A propósito de Verónika Reca

Es curioso que he estado editando
un poemario donde la voz poética
se siente acorralada por las cosas cotidianas.

La autora menciona sus muebles como
objetos llenos de polvo que la persiguen
mientras busca ideas en una inquietud cualquiera.

También detalla cómo los utensilios de la cocina
le intentan a travesar la vida en un momento vulnerable
donde se detiene a ver el verano a través de la ventana.

Un poemario que llega a mí mientras escribo
las dos o tres cosas que hago todo el día
mientras mi juventud se hace recuerdo.

La autora me dice que mi corrección le parece precisa
mientras yo me posiciono en unas paredes
que me acorralan para eso de verme entre sus versos.

LO TEMPRANO

Si pudiese decir todo lo que hago en mis mañanas
en un poema me tomaría como mucho
un haiku: el peor y más aburrido de los haikus.

Lo temprano es sentarse en silencio a desayunar
los recuerdos del más reciente sueño
mientras piensas qué tanto tiempo
te tomará apresurar el día.

Las mañanas en isla son hermosas, de cielos azules
corriendo de un hemisferio a otro
besando el resto del Caribe mientras sentado
surgen poemas para una muerte temprana.

Y de esta manera no sobrevivir el día
con sus largos tráficos, con las personas exigiendo,
con la queja de que uno no es demasiado,
aunque ya no dé para tanto.

Cuando pienso en morir temprano,
pienso en el fin del mundo,

en esto de las guerras civiles,
la pandemia, el colonialismo,
el compromiso de soportar la cotidianidad
por una esperanza moribunda

y ya doy por vencido al resto del mundo
que parece detenerse
temprano en la mañana,
justo cuando mezclamos la leche hervida
con el café y se derrama un poco sobre la alacena.

LO DE NOSOTROS

> *es bien nuestra la manera de irnos*
> *o de mandar todo a la mierda.*
>
> JONATAN MARÍA REYES

Lo de nosotros es contarnos lo sucedido
en el transcurso del día, reírnos de lo casual
buscar esconder un segundo en nuestras memorias.

A veces nos quedamos en silencio por un tiempo
mientras nos miramos mover una pieza de ajedrez
con mucha duda y seguridad.

Lo de nosotros es quedarnos dormidos
en el mueble naranja que nos costó subir por las escaleras
mientras nos vibra la luz del televisor en nuestro sueño.

A veces nos quedamos despiertos viendo
escenas de suspenso, de sexo, de barbarie
de un programa que disfrutamos juntos.

Lo de nosotros es hablarnos
de los libros que leo, de las cosas que tejes,
de los recuerdos que encontramos engavetados.

A veces no hacemos absolutamente lo de nosotros
quedándonos salvaguardados entre cobijas
esperando un estadillo
que roce nuestra pasión por la vida.

NO QUIERO SER REAL

El peligro que quiero correr hoy
es el de mojarme los pies
en una laguna de imágenes absurdas

cosa que, cuando se asomen los invasores,
pueda hablarles sobre lo surreal
que puede ser una simple sonrisa.

Es posible que para tantos no tenga sentido
sonreír ante el manto de una tierra nuestra
cuando en la lejanía se besan los cadáveres,

pero lo desconocido también es vida
y esa vida es un peligro que quiero correr hoy
cerrando los ojos ante la inmensidad.

Una inmensidad tan pura y temprana
que pueda tocar en ella algo de sentido
en este espacio bullicioso, sucio y real.

EPÍLOGO

Este día nunca volverá nos enfrenta a una voz atareada, detenida en cuestionarse las minucias del día a día. Se trata de un joven, poeta, hijo, amado y amante, asalariado trabajador que busca hacerle frente a la rutina y reinventarla. Una voz que desarma y arma con poesía ya que se sabe humano a pesar del cansancio, a pesar del hastío, a pesar de las fechas, las frustraciones y las jornadas laborales. Colón Ruiz construye versos sinceros que anotan lo necesario y aclaran su propia experiencia, pues el peso del trabajo cede, en ocasiones, frente a las pequeñas victorias como regresar a la casa y que te reciba tu perro o la mirada del ser a quien amas. Aquí el amor hace esquina y sostiene un cuerpo de poemas que son guarida frente a la posibilidad del colapso, poemas que atienden lo cotidiano con el detalle de quien lucha por regresar, por construir un hogar donde quepa la voluntad de seguir viviendo incluso frente al recuerdo de los días que nunca volverán.

Amanda Hernández

Carlos Colón Ruiz (San Sebastián, Puerto Rico. 1997), autor de *Hambre nueva* (Editorial Pulpo x Atelier d'Escritura, 2019), *No quiero escuchar Radiohead* (Poema Suelto, La Impresora, 2019) y *Visión de carne* (El Taller Blanco Ediciones, 2020). Ha publicado en diversas revistas, antologías y blogs en México, Chile, Guatemala, Colombia y Puerto Rico. Sus poemas han sido traducidos al inglés y el italiano. Pertenece a la junta editorial de la Revista *Demoliendo Hoteles* (demoliendohoteleslit.com). También ha participado en festivales y lecturas en Puerto Rico, Cuba, México y Guatemala.

CONTENIDO

Marzo, 2022
Editado en Chimbote, Perú,
por Santa Rabia Poetry
www.santarabiapoetry.com

Colección de poesía panhispánica

- Odola | Marina Aoiz Monreal [España]
- La forja del verso | Andrés Bermúdez [Puerto Rico]
- Este día nunca volverá | Carlos A. Colón Ruiz [Puerto Rico]

Próximos títulos

- Breve historia del sol | Luis Rodríguez Romero [Costa Rica]
- Ingeniería solar | Luis Correa-Díaz [Chile]

www.ingramcontent.com/pod-product-compliance
Ingram Content Group UK Ltd.
Pitfield, Milton Keynes, MK11 3LW, UK
UKHW042002190726
13854UKWH00005B/2126

9 786124 881725